買いすぎず、食べきる「小さな生活」

夫婦ふたりのシニアごはん

城川 朝

講談社

はじめに

娘たちが巣立ち、50代半ばで
主人とふたり暮らしに戻ったのを機に、
それまでの食生活を
見直すことを決意しました。
まず冷蔵庫を整理して、買いすぎない、
作りすぎないことを基本とし、
使わない調理道具も
ずいぶんと処分したのです。

こうして始まった夫婦ふたりの「小さな生活」。
変化は劇的でした。
冷蔵庫に何が入っているか全部思い出せることが、
こんなに素晴らしいことだったとは!
食事作りがムダなく心地よく循環し始めました。
気持ちにも時間にも余裕が生まれ、
季節の声にもっと耳を傾けたくなりました。

献立は2品でいい。冷蔵庫の残り物があるから、
余力のあるときはそれで1品作ればいい。
またたく間に移ろう旬の食材を、見逃さずに取り入れよう。
この本では、夫婦ふたりになったからこそ実現できる、
伸びやかな食生活をお伝えしたいと思います。

メニューには、長年作り続けてきた定番料理を多く入れました。
年を重ねると、作り慣れ、食べ慣れた味に心やすらぐもの。
とはいえ、試行錯誤の末に見つけた工夫やコツは入れ込み、
簡単だけではない細やかな手を添えたつもりです。
きっと新しい発見があり、おいしさの秘訣を知っていただけるでしょう。

「食事作りが人生でいちばん多くの時間を要する」と、ずっと思っています。
だからこそ、シニアになったら、豊かさと手軽さの両立が必要。
新鮮な食材が持つ力強さとシンプルな調味料づかいで、
料理はもっとおいしくなるのです。
これからも自分の手で作り、食を楽しむことの素晴らしさを
多くのシニアに実感していただけたらと思っています。

城川 朝

目次

序章 夫婦ふたりの食生活改革

第1章 かんたん2品献立

第2章 主菜になる肉・魚のおかず

ひき肉

シーフード

第3章 野菜がラクにとれるおかず

あえ物

炒め物

煮物

おかずサラダ

第4章 おすすめ冷凍活用術

いか

豚ひき肉

牛薄切り肉

鶏もも肉

銀だら

この本のきまり

- 材料はすべて2人分です。
- 小さじ1は5㎖、大さじ1は15㎖、カップ1は200㎖です。いずれもすりきりではかってください。
- 各レシピの加熱時間は目安です。野菜などは季節によって水分量に差があるので、状態をよく見て加減してください。
- 電子レンジの加熱時間は600Wを基準にしています。500Wの場合は、1.2倍を目安に加減してください。

「献立のヒント」には、味や食感などのバランスを考え、組み合わせるのにおすすめの主菜あるいは副菜を紹介しています。献立の参考にしてください。

豚肉と厚揚げのピリ辛あんかけ

いわゆる家庭の中華のほっとする味。ご飯にかけても美味

献立のヒント
「青梗菜のザーサイ炒め」(P61)がおすすめ。中華テイストでまとめつつ、緑の野菜を加えると、彩りのバランスがよい。

●材料（2人分）
豚薄切り肉……50g
厚揚げ（縦半分に切り、1.5㎝厚さに切る）……約½枚(100g)
きくらげ……2個
玉ねぎ（薄切り）……¼個
にんじん（薄切り）……⅙本

●作り方
1 きくらげは熱湯につけてもどし、石づきを切り落として2～3等

フライパンは原則としてフッ素樹脂加工製を使っており、サラダ油などを使用していないレシピがあります。鉄製などのフライパンで作る場合は、適量の油分を加えてください。

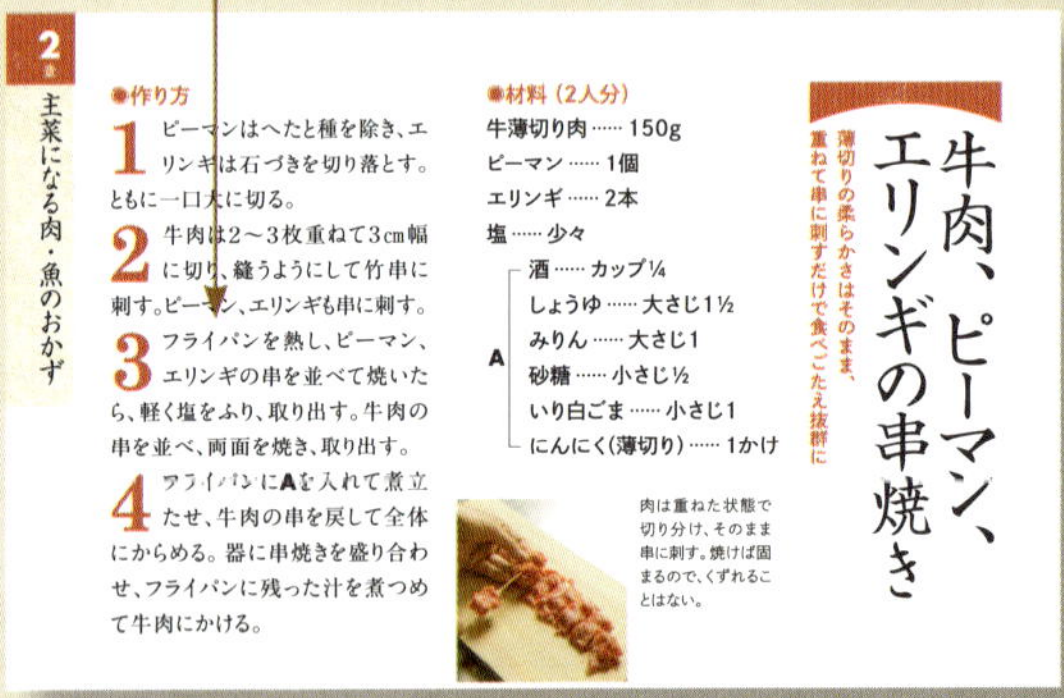

2章 主菜になる肉・魚のおかず

牛肉、ピーマン、エリンギの串焼き

薄切りの柔らかさはそのまま、重ねて串に刺すだけで食べごたえ抜群に

●材料（2人分）
牛薄切り肉……150g
ピーマン……1個
エリンギ……2本
塩……少々
A 酒……カップ¼
しょうゆ……大さじ1½
みりん……大さじ1
砂糖……小さじ½
いり白ごま……小さじ1
にんにく(薄切り)……1かけ

●作り方
1 ピーマンはへたと種を除き、エリンギは石づきを切り落とす。ともに一口大に切る。
2 牛肉は2～3枚重ねて3㎝幅に切り、縫うようにして竹串に刺す。ピーマン、エリンギも串に刺す。
3 フライパンを熱し、ピーマン、エリンギの串を並べて焼いたら、軽く塩をふり、取り出す。牛肉の串を並べ、両面を焼き、取り出す。
4 フライパンにAを入れて煮立たせ、牛肉の串を戻して全体にからめる。器に串焼きを盛り合わせ、フライパンに残った汁を煮つめて牛肉にかける。

肉は重ねた状態で切り分け、そのまま串に刺す。焼けば固まるので、くずれることはない。

3章 野菜がラクにとれるおかず

玉ねぎの卵とじ

玉ねぎと卵なら、いつだってうちにあるでしょ？よく煮えた玉ねぎの甘みが、しみじみおいしい煮物です

献立のヒント
「豆腐と水菜のサラダ」(P66)を合わせると、フレッシュ感が出る。この料理にボリュームがほしいときは、鶏肉を加えて。

●材料（2人分）
玉ねぎ（薄切り）……¼個
卵……2個
三つ葉……少々
A だし汁……80㎖
しょうゆ……小さじ2
酒……大さじ1

●作り方
1 フライパンにAを入れて火にかけ、煮立ったら玉ねぎを加えて煮る。しんなりとしたら、半量を取り出す。
2 フライパンに残った煮汁と玉ねぎに卵1個を溶きほぐして加

当たり前のもの作るのが大切で

材料表にある**「だし汁」**は、かつおと昆布でとっただしを使っています。顆粒だしを溶いたもの、だしパックでとったものなど、好みのだし汁でかまいません。

序章

夫婦ふたりの食生活改革

子どもたちが独立して、夫婦ふたりきりになると、
食生活は一変します。
過去の習慣や思い込みを捨てて、発想の転換が必要！
いつまでも健康で、食べることを楽しむために、
そしてムダを出さないために、
私が実際に試して効果のあった方法を紹介します。

提案 1

冷蔵庫はいつも見通しよく

夫婦ふたりになったら、まず冷蔵庫を見直してください。
理想的なのは庫内がすかすかで、奥の電灯がはっきり見えるくらいの量。
じつは夫婦ふたりなら、このくらいがちょうどいいんです。
明るく見やすいので、何があるか一目瞭然。
「あ、これがあったわ」とか、「おいしいうちに食べよう」と気がつくし、
いつもスッキリしているので、掃除も簡単にでき、清潔にも保てます。
これがぎゅうぎゅう詰めだと、暗いし、よく見えないから途端に悪循環に。
こうなったらもうそこは「詰め込み庫」。思い当たりませんか？
すべて出してみたら、こんなに食べてないものがあったのかと驚くはず。
いただきものの瓶詰、つい買った調味料やドレッシング、賞味期限切れの食品……。
いったいどれだけの食材をムダにしているでしょうか。

食べ盛りの子もいない夫婦では、食べきれる量は思っているよりずっと少ないのです。
賞味期限切れで捨てたり、味の落ちたものを食べたりするのは気がめいるもの。
夫婦ふたりになったからこそ、食べたいものを、食べたいときに。
新鮮なものをおいしくいただくには、まずは冷蔵庫の整理から始めましょう。

ストバター
Chilled Room
チルド室

提案 2

献立は2〜3日サイクルで考える

献立を細かく立てるのは大変ですが、全然立てないのは問題。

まったく計画性がないと、思いつきで買い物したり、
夕飯が近づいてから「思いつかないわ」となって、結果、お総菜ですませる、なんてことに。

なにも、きっちり立てなくてもいいのです。

おすすめなのは、「だいたい2〜3日分」を考えること。

この「だいたい」という適当さ、あいまいさがすごく大事です。

　まず、今食べたいものを思い浮かべて主菜を決めます。

これは「煮魚」「揚げ物」などと、おおざっぱでOK。

次に副菜は、冷蔵庫をチェックし、
ある野菜を中心に主菜に合いそうなものを考えます。

ここまで決まれば、買い物は簡単。急な予定の変更があっても
それはそれでよし、と気楽にかまえればよいのです。

　それと、私は大量の作り置きもしない主義。

だって、食べたいものは体調や気分で変わるでしょ？

ムダを出さず、食べることを楽しむためにも、
3日過ぎても残るような作り置きは避けています。

提案 3

買い物は少しでいい

前述したおおざっぱな献立があれば、買い物は2～3日に1回。
週1回だと荷物も大量ですし、だいたい買いすぎてしまいます。
かといって毎日では、天候や体調によって出たくない日も。
だから、この頻度がちょうどいいんです。

夫婦ふたりの2～3日分の食材ですから、
そう高いものを買わなければ2000円以内。
量でいえば、スーパーのかごの底が見えないくらいでしょうか。
少なく感じるかもしれませんが、
かごいっぱい買ったらとうてい食べきれず、ムダにしてしまいます。
夫婦ふたりになったら、調味料なども小さなサイズでいいでしょう。
そのほうが家に持ち帰るのもラク。

たしかに割高ですが、味が落ちてまで食べ続けたり、
使いきれずに捨てたりするのでは本末転倒。
おいしいうちにスッキリ使いきって、
新しいものを買うほうがずっと気持ちがいいのです。

野菜は常備＋買い足しでくりまわす

野菜は、ある程度、種類が揃っていたほうが料理の幅が広がります。
とはいえ、常備野菜として、じゃが芋、にんじん、玉ねぎはあるでしょうから、
あとは葉物やきのこ類など、2〜3種類あれば充分。
1袋買うと、夫婦ふたりでは1回で使いきれず、
さまざまな使いかけの野菜が残ります。
しかも野菜は鮮度が命。野菜室いっぱいになるまで揃えると、
最後には腐らせて捨ててしまうことになるのです。
まずは野菜室の野菜を生かすことを考え、
必要なものや足りないものを買い足していくのが賢い方法です。
また、キャベツや大根などの大型野菜は、
小さなサイズのものを求めて新鮮なうちに使いきるのが賢明。
もし、いただきものなどで一度にたくさん手に入ったときは、
まとめてゆでてしまうのもおすすめ。
使いやすいので使用頻度が増え、いつのまにか使いきれます。

提案4

提案 5

献立は2品でOK

昔から一汁三菜といいますが、これこそ発想の転換が必要。
理想を高く持ちすぎないことです。
栄養バランスさえとれていれば、品数にこだわる必要はないのです。
だって、毎食3品ずつ作るのって、本当に大変な手間ですよね。
いやになって市販のお総菜に走るくらいなら、
ムリのない品数でササッと手作りしたほうがずっといい。
どんぶり物や麺類など、1品ですむものを上手に取り入れてみて。
みそ汁だって、豆腐や野菜をたっぷり入れれば
それだけで立派なおかずになりますから、2品でも充分なんです。
3品目を作るなら、野菜スティックや冷ややっこでいいでしょう。
　大切なのはむやみに品数を増やすより、
好きなもの、食べたいものをメニューに入れること。
旬のものを取り入れて、季節を感じること。
これだけで、食べることが楽しみになる
シニアの豊かな食生活が始まるはずです。

提案 6

冷凍室はため込まない

冷凍室はたしかに便利。

でも、残ったら冷凍、多めに買って冷凍……と、なんでも突っ込めば安心、という場所になっていませんか？

数ヵ月後、「これ、なんだっけ？」と結局捨ててしまっては意味がありません。

だからこそ、私は冷凍したものは1ヵ月以内で食べると決めています。

1ヵ月って、思ったよりずっと短い。

保存はできても、それ以上たてば臭いもつくし、味も落ちます。

おいしいうちに冷凍して、忘れないうちに食べきるのがいちばん。

そして冷凍室こそ、空きスペースに余裕がほしい。

不意のいただきものやお取り寄せをサッと入れられると、本当に便利です。

また、煮干しやかんぴょうなど、酸化や変色が激しい食材の保存にも最適です。

第1章

かんたん2品献立

献立は品数が多くなくても、ちゃんと成立します。
2品でも、〝ああおいしかった〟と満足できることがいちばん！
ラクができて、飽きずにおいしくいただける、
それが毎日作り続けるためのたったひとつの秘訣。
長く定番になること間違いなしの保存版です。

定番の和食献立

何度食べても飽きず、
白いご飯に合う和食とは？
と考えた組み合わせです。
しっかりした甘みのさばみそには、
あっさりしながらも
野菜のだしがきいたけんちん汁を。
しょうゆ仕立ての味がかぶらないし、
濃い味と薄い味で
献立にメリハリがついて、食が進みます。
体にいい根菜類たっぷりで、
バランスも満点。

◆さばのみそ煮
◆けんちん汁

ほっとする味に
結局は戻ります

甘みを先に入れるのがコツ

さばのみそ煮

みそは家庭にあるものでかまいませんが、できれば、八丁みそを入れると、ぐんとコクが出ます。脂ののった秋さばでどうぞ

◉材料（2人分）

生さば（切り身）……2切れ
A
- 酒……カップ¼
- 砂糖……大さじ3
- みりん……大さじ3

赤みそ……45g
八丁みそ……20g
しょうがの薄切り……3〜4枚
長ねぎ（斜め切り）……8㎝

◉作り方

1 さばは全体をキッチンペーパーでふき、皮目に数本切り目を入れる。

2 鍋に水カップ½、**A**、しょうがを入れて火にかける。煮立ったらさばを入れて、ふつふつするくらいの火加減にして3分ほど煮る。あくが出てきたら除く。

3 みそを煮汁で溶いて加える。途中で長ねぎを加え、落としぶたをして10分ほど煮る。

切り身魚は、調理する前にキッチンペーパーで表面をふくと、臭みが取れる。

みそは煮汁を少し取って溶きのばすとスムーズ。みその分量は、塩分によって加減して。

みそはどんな種類でもかまわないが、八丁みそを入れると塩分をおさえつつコクが出せる。甜麺醬《テンメンジャン》の代用にもなり、重宝。

具材を炒めてうまみアップ

けんちん汁

根菜のおいしさでいただく汁物なので、あっさり薄味に。私は風味をよくするために、ごま油で炒めます

◉材料（2人分）

大根（いちょう切り）……3㎝
にんじん（薄切り）……5㎝
ごぼう（斜め薄切り）……10㎝
こんにゃく（あくを抜いて、手でちぎる）……小½枚
豆腐……約小1丁（100g）
だし汁……カップ2½
しょうゆ……大さじ1
ごま油……小さじ2
長ねぎ（小口切り）……適量

◉作り方

1 鍋にごま油を熱し、根菜、こんにゃくを炒め、透き通ってきたら、だし汁、しょうゆを加える。あくが出てきたら除き、15分ほど煮る。

2 豆腐をスプーンですくって加え、温まったら器に盛り、長ねぎを散らす。

豆腐はスプーンですくって最後に。こうすれば、豆腐がくずれて汁がにごることを防げる。木綿でも絹ごしでも、お好みのものをどうぞ。

ボリュームどんぶり献立

- まぐろとアボカド丼
- なめこと豆腐のみそ汁

このどんぶりは切って混ぜるだけと簡単なのに、とにかくおいしい！

家族みんなが好きだから、日本でもハワイに行ったときにもよく作ります。

このくらいボリュームのあるどんぶりなら、あとはみそ汁、それものどごしがよくて軽い飲み口のものが1品あれば充分。

どちらもあっという間にできるので、時間がないときにも助かる献立です。

切って混ぜるだけでごちそう

まぐろとアボカド丼

ハワイの定番料理、ポキ丼がベースですが、玉ねぎとふりかけをかけたところが私流。玉ねぎは絶対生で入れてくださいね

◉材料（2人分）

まぐろの刺身（さく・赤身）……80g
アボカド（2cm角に切る）……½個
玉ねぎ（8㎜幅、3cm長さに切る）……⅙個
A しょうゆ……大さじ1
　練りわさび……適量
　ごま油……小さじ1
温かいご飯……どんぶり2杯分
ふりかけ（好みのもの）……適量

◉作り方

1 まぐろは一口大に切ってボウルに入れ、アボカド、玉ねぎを加える。Aをよく混ぜ合わせて加え、あえる。

2 器にご飯を盛り、1をのせ、好みのふりかけをかける。

アボカドの皮は手でむく方法もあるが、包丁でむいたほうが、鮮やかな色の面が出て美しい仕上がりに。

孫も大好きな人気ナンバーワン丼

ぬめりを取るひと手間を

なめこと豆腐のみそ汁

いわずとしれた定番みそ汁。のどごしのよさが大切だから、豆腐は絹ごしを選んで。さっと温める程度で煮すぎは厳禁！

◉材料（2人分）

なめこ……½袋
絹ごし豆腐（さいの目に切る）……約小1丁（100g）
だし汁……カップ1½
みそ……大さじ1½
長ねぎ（小口切り）……適量

◉作り方

1 なめこは水で洗ってぬめりを取り、ざるに上げる。

2 鍋にだし汁、1のなめこを入れ、煮立ったら豆腐を加え、みそを溶き入れる。器に盛り、長ねぎを散らす。

ヘルシーなお刺身献立

今日はあっさりしたものが
いいな、と思ったら
旬のおいしいお刺身が頭に浮かびます。
そんなときにおすすめなのが、この献立。
つまも食べられる白身のお刺身に
たっぷりの緑の野菜を組み合わせると、
体に負担をかけず、染みわたります。

◆ 鯛の刺身
◆ 青菜の炒め煮

「鮮度のいいものを
シニアこそ食べるべき」

つまも1品になります
鯛の刺身

大根のつまは食べる気がしなくて考えついたのが、わかめときゅうり！
ポン酢しょうゆまたは酢みそ、お好きなほうで白身魚とともにどうぞ

◉材料（2人分）

鯛（刺身）…… 6切れ
カットわかめ（乾燥）…… 大さじ1
きゅうり（スライサーで薄切り）
…… ½本
青じそ …… 2枚
ポン酢しょうゆまたは酢みそ
…… 適量

◉作り方

1 わかめはぬるま湯につけてもどし、水で洗って水けをきる。

2 きゅうりは塩少々（分量外）をふり、しんなりしたら水で洗い、よく絞る。

3 器にわかめ、きゅうり、青じそ、刺身を盛り合わせ、ポン酢しょうゆを添える。

煮る時間はお好みで
青菜の炒め煮

副菜にちょっとだけコクがほしかったので、青菜を油で炒めてから煮ています。削り節投入で、だしいらずなのがいいでしょ？

◉材料（2人分）

小松菜（3㎝長さに切る）
…… 1わ（200g）
油揚げ（縦半分に切り、
1.5㎝幅に切る）…… 1枚
A
酒 …… カップ¼
しょうゆ …… 大さじ⅔
塩 …… 1つまみ
削り節 …… 1袋
サラダ油 …… 大さじ1

◉作り方

1 フライパンにサラダ油を熱し、小松菜を炒める。しんなりしたら、水カップ¼、Aを加えて煮立てる。

2 油揚げを加え、好みの柔らかさになるまで煮る。

青菜は油で炒めてから煮る。このひと手間で、色よくコクのある仕上がりに。

パワーが出るお肉献立

◆豚ヒレ肉のピカタ
◆レンジポテトサラダ

肉が好きな人はやっぱり元気よ

今や、シニアもお肉は食べたほうがいいというのが定説。体力を保つには、たんぱく質の力が大きいようです。そこでおすすめしたいのが、このお肉献立。肉料理といっても、脂っこさも重たさもないところがシニア向けです。洋風でありながら、ご飯に合うおかずですから、和食に飽きたときにもおすすめです。

柔らかくて、かみ切りやすい

豚ヒレ肉のピカタ

30年以上前からのわが家のロングセラーおかず。そのまま食べられ、冷めてもおいしいので、娘のお弁当にもよく入れました

◉材料（2人分）

豚ヒレ肉（1cm厚さに切る）
……150g
卵……2個

A
- しょうゆ……小さじ2
- ごま油……大さじ1½
- 酒……小さじ1
- 砂糖……小さじ1
- こしょう……少々
- 長ねぎ（みじん切り）……5cm

小麦粉……適量
サラダ油……小さじ2
キャベツ（せん切り）……適量

◉作り方

1 豚肉はAをもみ込んで5分ほどおく。

2 1の全体に小麦粉をまぶす。

3 ボウルに卵を割り入れてほぐし、塩1つまみ（分量外）加えて混ぜる。

4 フライパンにサラダ油を弱火で熱し、2の肉を3の卵液にくぐらせて並べ入れ、弱めの中火で両面を5分ほど焼く。器にキャベツとともに盛る。

下味をつけた肉を卵液にくぐらせ、そのままフライパンへ（写真左）。卵液が残ったら、肉を返すときに先に卵液を流し入れ、その上に肉をのせて厚めにまとわせる（写真右）。

レンジとスライサーで時間短縮

レンジポテトサラダ

具材の数を絞れば、ポテサラもすぐできますよ。玉ねぎ、きゅうりはポテトの熱でしんなりするから、生のままで

◉材料（2人分）

じゃが芋（男爵）……2個
玉ねぎ……¼個
きゅうり……½本

A
- 酢……小さじ1
- 砂糖……1つまみ
- 塩、こしょう……各少々
- 練りがらし……小さじ½
- マヨネーズ……大さじ4

◉作り方

1 じゃが芋はよく洗ってラップで包み、電子レンジで6分加熱する（じゃが芋が大きいときは7分）。熱いうちにタオルでくるんで皮をむき、ボウルに入れて、フォークなどで粗くつぶす。

2 玉ねぎ、きゅうりはスライサーで薄く切りながら1に加える。

3 Aをよく混ぜ合わせて加え、あえる。

玉ねぎときゅうりはスライサーで切りながら、直接ボウルに加えると手間いらず。塩もみしなくても、じゃが芋の熱でほどよくしんなりする。

具だくさんな麺献立

夫婦ふたりになったら、
夕飯に麺料理もあり、だと思います。
でも具材が少ないと物足りないので、
うどんだったら、こんなふうにお肉を加えて。
夕飯でも通用する1品に大変身です。
どうしても野菜が不足しがちなので、
あと1品、ごくシンプルな副菜で補う。
これが麺献立の成功パターンです。

◆肉うどん
◆かぶの浅漬け

1玉ずつ煮るのがコツ

肉うどん

夫婦ふたりなら、絶対ゆで麺！　お湯を沸かす、ゆでるプロセスが省けるんですから。つゆ作りから鍋ひとつで、あっという間

◉材料（2人分）

うどん（ゆで麺）……2玉
豚薄切り肉……70〜80g
長ねぎ（斜め薄切り）……½本
A
- だし汁……カップ3
- しょうゆ……大さじ1
- みりん……大さじ½
- 砂糖……小さじ1
- 塩……小さじ1

一味唐辛子……適宜

◉作り方

1 鍋にAを入れて煮立たせ、豚肉を加えて煮る。肉に火が通ったら、あくを取り、長ねぎを加える。

2 1の鍋にうどん1玉を加え、温まったら半量の具材、煮汁とともに器に盛る。残りのうどんも同様に温め、器に盛る。好みで一味唐辛子をふる。

1玉ずつ煮ると短時間で温まるので、麺が水分を吸いすぎず、シコシコの仕上がりに。

軽めですませたい日にはおすすめ

スライサー使いで簡単

かぶの浅漬け

かぶの漬物はよくあるけれど、横に薄切りにするのがミソ。すぐにしんなりとなって、食べやすいですよ

◉材料（2人分）

かぶ（スライサーで横に薄切り）……大2個
かぶの葉（3㎝長さに切る）……2〜3本
塩……小さじ½
酢……大さじ½
砂糖……1つまみ

◉作り方

1 かぶは葉とともにボウルに入れて塩をふり、しんなりしたら水けを絞る。

2 酢、砂糖を加えて混ぜ、汁けを絞って器に盛る。

体も温まる鍋献立

鍋料理も、夫婦ふたりなら大げさなことはしたくないですよね。だから、このお鍋は早く火が通る具材ばかり。副菜はなにか箸休めになる程度のものでいい。この献立では、対照的な味と食感のものにして、ときどき変化を味わう。そうすれば、鍋料理が最後まで楽しめます。

- 牛肉ときのこの餅鍋
- 長芋の梅あえ

汁まで飲み干せる薄めの味

牛肉ときのこの餅鍋

甘辛味といえばそうですが、だしがきいて塩分はごく控えめ。お餅を増やせば、これ一品で食事にもなります

◉材料（2人分）

牛薄切り肉……150〜200g
まいたけ……1パック
えのきだけ……1袋
ごぼう（ささがき）……½本
長ねぎ（斜め切り）……½本
切り餅（半分に切る）……2個
だし汁……カップ3

A
- しょうゆ……大さじ2
- みりん……大さじ2
- 酒……大さじ2

◉作り方

1 ごぼうは水につけ、一度水を替えてあくを抜き、ざるに上げる。きのこは石づきを切り落とし、食べやすく小房に分ける。

2 餅はオーブントースターまたは焼き網でこんがり焼く。

3 鍋にだし汁、Aを入れ、煮立ってきたらきのこ、野菜、餅を加える。最後に牛肉を加え、あくを取り、一煮立ちさせる。

最後に牛肉を加えて、一煮立ちしたら完成。すべてが同時に、短時間で火が通るのが魅力。

「汁まで楽しみたいから
あっさりとした味で」

たたくことで食感が絶妙に

長芋の梅あえ

長芋をすりおろすと手がかゆくなるという方も、この方法なら大丈夫。梅のさわやかさが鍋の味を引き立てます

◉材料（2人分）

長芋……8㎝
梅干し（種を除く）……1個

◉作り方

1 長芋をポリ袋に入れ、すりこ木などで粗くたたき、ボウルに入れる。

2 梅干しは手でちぎり、1に加えてあえる。

コラム1

旬こそ贅沢

日本に住む私たちにとってうれしいのは、野菜、魚、果物と、食材のほぼすべてに旬があること。その移り変わりは意外とスピーディーで、日々の忙しさにまぎれていると、いちばんおいしい時期は過ぎてしまいます。でも、私たちの年代になると、そこに目をむける時間の余裕、心の余裕が出るんですね。これは楽しまない手はありません。

たとえば、さくらんぼ、杏、すももなどはピークがとても短い。反対に、りんごとかんきつ類は4～5ヵ月間かけて、さまざまな品種の移り変わりが楽しめます。りんごは8月末の「サンつがる」から始まり、「あかね」「さんさ」「千秋」、私の大好きな「秋映《あきばえ》」「シナノスイート」「紅玉」「ふじ」に至るまで、じつにたくさん！　産地に旅行すれば、まだ味わったことのない品種を見つけ、興味津々。どれひとつとっても、姿、甘み、酸味、香りが同じではありません。

かんきつ類も同様。2月頃になると、私は「せとか」の出番を心待ちにします。同じくして「いよかん」、3月になると「清見《きよみ》」が出始め、「はっさく」も店頭をにぎわします。そのほか「日向夏《ひゅうがなつ》」の鮮やかな黄色に季節を知り、「甘夏」に懐かしさを覚える……。温州《うんしゅう》みかん一辺倒で過ごすなんて、あまりにもったいない！

もちろん野菜も同じこと。今は通年売られているものが多いけれど、それでもその季節にしか食べられないものはありますし、旬のものは味も栄養価もとびきりです。シンプルな食べ方でおいしいのも、旬を味わうよさ。季節の到来を感じながら味わう、これぞ格別の贅沢だと思うのです。

第2章

主菜になる肉・魚のおかず

活力の源であるたんぱく質は、
毎食しっかりとりたいもの。
食べ慣れた味と、
ときどきはさみ込まれる新しい味、
主菜に変化をつけると、
食べる楽しみがグンと増します。
どれも手に入りやすく、
作りやすい材料ばかりですよ。

薄切り肉

お肉のなかでは、薄切りがいちばん使いやすく、食べやすい。
そのよさを生かしたいから、ここで紹介するおかずは、
薄切りならどこの部位でもOK。とにかく作りやすさが優先です

牛肉と薄切り大根の煮物

大根の煮物がこんなに早く作れるなんて、と驚かれます

◉材料（2人分）

牛薄切り肉……150g
大根……10cm
A しょうゆ……カップ1/4
　酒……カップ1/4
　砂糖……大さじ1〜1½
万能ねぎ（斜め切り）……適量

◉作り方

1 大根は縦4等分に切り、スライサーかピーラーで薄切りにする。

2 鍋にAを入れて火にかけ、煮立ったら牛肉を2〜3回に分けて入れ、そのつど、色が変わったら取り出しながら煮る。

3 牛肉をすべて取り出したら、大根を加え、さっと煮る。煮つめ加減は好みでよい。器に牛肉、大根を盛り合わせ、煮汁を張り、万能ねぎを散らす。

肉がかたくなるので、大根は肉を取り出してから煮る。煮るとかさが減るので、たっぷり食べられる。

献立のヒント

「レンジポテトサラダ」（P23）や「マカロニサラダ（P67）」を。しょうゆ味の煮物にはフレッシュな野菜サラダを合わせて。

作り続けてきた料理には
やっぱり力があるの

豚肉と厚揚げのピリ辛あんかけ

いわゆる家庭の中華のほっとする味。ご飯にかけても美味

献立のヒント

「青梗菜のザーサイ炒め」(P61)がおすすめ。中華テイストでまとめつつ、緑の野菜を加えると、彩りのバランスがよい。

◉材料（2人分）

豚薄切り肉……50g
厚揚げ（縦半分に切り、1.5㎝厚さに切る）……約½枚(100g)
きくらげ……2個
玉ねぎ（薄切り）……¼個
にんじん（薄切り）……⅙本
にんにく（みじん切り）……1かけ
豆板醤《トウバンジャン》……小さじ½強

A
- 酒……大さじ1
- しょうゆ……大さじ¾
- 顆粒鶏がらスープの素……小さじ1
- 砂糖……小さじ½
- 酢……小さじ½
- こしょう……少々

片栗粉……大さじ½
水……大さじ1
サラダ油……大さじ1

きくらげは熱湯につけると、すぐにもどる。

◉作り方

1 きくらげは熱湯につけてもどし、石づきを切り落として2〜3等分に切る。

2 厚揚げは、熱湯にくぐらせてざるに上げる。

3 フライパンにサラダ油を熱し、にんじん、豚肉を炒める。肉の色が変わったら、にんにく、豆板醤を加え、香りが出たら、1、2、玉ねぎを加え、さっと炒め合わせる。

4 水カップ½（分量外）、**A**を混ぜ合わせてから加え、煮立ったら、片栗粉を分量の水で溶いて回し入れ、とろみをつける。

牛肉、ピーマン、エリンギの串焼き

薄切りの柔らかさはそのまま、重ねて串に刺すだけで食べごたえ抜群に

◉材料（2人分）

牛薄切り肉……150g
ピーマン……1個
エリンギ……2本
塩……少々
A
酒……カップ¼
しょうゆ……大さじ1½
みりん……大さじ1
砂糖……小さじ½
いり白ごま……小さじ1
にんにく（薄切り）……1かけ

◉作り方

1 ピーマンはへたと種を除き、エリンギは石づきを切り落とす。ともに一口大に切る。

2 牛肉は2〜3枚重ねて3cm幅に切り、縫うようにして竹串に刺す。ピーマン、エリンギも串に刺す。

3 フライパンを熱し、ピーマン、エリンギの串を並べて焼いたら、軽く塩をふり、取り出す。牛肉の串を並べ、両面を焼き、取り出す。

4 フライパンにAを入れて煮立たせ、牛肉の串を戻して全体にからめる。器に串焼きを盛り合わせ、フライパンに残った汁を煮つめて牛肉にかける。

肉は重ねた状態で切り分け、そのまま串に刺す。焼けば固まるので、くずれることはない。

献立のヒント

「レタスとクルトンのサラダ」（P68）や、夏なら簡単にできるゆでとうもろこしやトマトとともに。箸が進むメインなので、副菜には新鮮な野菜を合わせたい。

薄切り肉がごちそうに

ボリューム きんぴら

ゴロゴロと太めに切って、お肉と組み合わせれば主菜になります

定番メニューこそ おいしさを追求して

◉材料（2人分）

豚薄切り肉……70g

ごぼう（5cm長さに切り、縦4等分にする）……½本（70g）

にんじん（拍子木切り）……½本

A
- しょうゆ……大さじ½
- みりん……大さじ½
- 砂糖……小さじ½
- 赤唐辛子の小口切り……小さじ½

ごま油……大さじ1

◉作り方

1 ごぼうは水にさらしてあくを抜き、ざるに上げる。

2 フライパンにごま油大さじ½を熱し、ごぼうを炒める。豚肉を加え、肉の色が変わったら、にんじんを加えて炒め合わせる。

3 水カップ½、Aを加え、ふたをして煮る。好みの柔らかさになったら、ふたを取って煮つめる。

4 火を止め、残りのごま油を回しかけて香りをつける。

ごぼうは太めなので、しっかりと炒める。表面にうっすらと焦げ目がつくくらいが目安。

献立のヒント

「小松菜のからしあえ」（P53）や「かぼちゃのクリーム煮」（P65）と。食感が異なるフレッシュな副菜がよく合う。

豚肉のもつ煮風

居酒屋風の味を再現したかったの。もつを使うよりずーっと簡単

献立のヒント

「キャベツのごま酢あえ」(P55)、ほうれんそうや春菊のお浸しなど。緑の野菜で、味や調理法がかぶらないものを選んで。

だしは別に用意せず、煮干しを一緒に煮込むだけ。具材のひとつとして、まるごといただく。

◉材料(2人分)

豚薄切り肉……100g
大根(乱切り)……10㎝
にんじん(乱切り)……3㎝
ごぼう(乱切り)……50g
こんにゃく(あくを抜いて、手でちぎる)……小1枚
煮干し(頭とわたを除く)……4本
早煮昆布(5㎜×2㎝に切る)……5㎝
みそ……大さじ2½
片栗粉……小さじ1
水……小さじ1
長ねぎ(白い部分、小口切り)……5㎝
七味唐辛子……適宜

◉作り方

1 ごぼうは水にさらしてあくを抜き、ざるに上げる。

2 鍋に1、大根、にんじん、こんにゃく、水カップ2½(分量外)を入れ、火にかける。煮立ったら豚肉を加え、あくを取り、煮干し、昆布を加える。

3 みそを溶き入れ、ふたをして15分ほど煮る。

4 片栗粉を分量の水で溶いて回し入れ、とろみをつける。器に盛り、長ねぎをのせ、好みで七味唐辛子をふる。

切り身魚

魚料理は焼き魚や刺身になりがちですが、手ごろで扱いやすい切り身をもっと取り入れれば、バラエティに富んだメニューが楽しめます

鮭のムニエル カレー風味

おなじみの鮭で目先を変えて食べたいときに。このヨーグルトソースはぜひ覚えて!

◉材料(2人分)

生鮭(切り身)…… 2切れ
塩、こしょう…… 各少々
A ┌ 小麦粉…… 小さじ2
　 └ カレー粉…… 小さじ1
バター…… 小さじ1
ヨーグルト(無糖)…… 大さじ2
オリーブオイル…… 大さじ1
粉ふき芋…… 1個分
刻みパセリ…… 適宜

◉作り方

1 鮭はキッチンペーパーで水けをふき、軽く塩、こしょうをする。Aをよく混ぜ合わせ、全体にまぶす。

2 フライパンにオリーブオイルを熱し、鮭を皮目から並べ入れ、両面で2分焼く。途中、余分な脂をキッチンペーパーでふき取り、仕上げにバターを加える。

3 器に2の鮭を粉ふき芋とともに盛る。ヨーグルトを泡立て器でよく攪拌《かくはん》してソースとしてかけ、あればパセリをふる。

焼くときに出た脂は、臭みがあるのでふき取って。脂っこくならず、香ばしくカリッと焼き上がる。

ヨーグルトは泡立て器で攪拌しただけでなめらかになり、極上のソースに。さわやかな酸味が鮭によく合う。

献立のヒント

副菜は「いんげんのごまあえ」(P52)や「白菜とさつま揚げの煮物」(P62)などが最適。和食の副菜でも不思議と相性がよい。

ぶりの照り焼き

脂がのった旬のもので作るとおいしさが違う！
焼きすぎるとパサつくので注意して

献立のヒント

まろやかな「かぼちゃのクリーム煮」（P65）か、あっさりまとめたいなら「三色炒め」（P58）や「ひじきとコーンのサラダ」（P69）など、野菜メインの副菜を。

「白いご飯をおいしくするおかずって大事ですね」

◉作り方

1 ぶりはキッチンペーパーで水けをふき取る。

2 フライパンにサラダ油を熱し、ぶりを並べ入れて両面で3分焼く。途中、余分な脂をキッチンペーパーでふき取る。

3 Aをよく混ぜ合わせて加え、ぶりにからめたら、器に盛る。フライパンに残ったたれは、とろみがつくまで煮つめてぶりに塗り、みょうがを添える。

◉材料（2人分）

ぶり（切り身）……2切れ

A
- しょうゆ……大さじ1½
- みりん……大さじ1½
- 砂糖……大さじ1弱

サラダ油またはオリーブオイル……小さじ1

みょうが……1個

たれをからませる前に、ぶりから出た脂をふき取る。こうすると、味がよくからむ。

かじきのガーリックトマトソース焼き

トマトジュースを煮つめただけの濃厚ソース！
にんにくは焦げやすいので、早めに引き上げて

◉材料（2人分）

かじき（切り身）…… 2切れ
にんにく（横に薄切りにして芽を除く）…… 1かけ
A
- トマトジュース（無塩）…… 1缶（190g）
- 塩 …… 1つまみ
- 砂糖 …… 1つまみ

塩、こしょう …… 各少々
オリーブオイル …… 小さじ2
パセリ …… 適宜

◉作り方

1 小鍋にAを入れ、とろりとなるまで5分ほど煮つめる。

2 かじきはキッチンペーパーで水けをふき、軽く塩、こしょうをふる。

3 フライパンにオリーブオイル、にんにくを入れて弱火にかけ、にんにくが色づいたら、取り出す。

4 かじきを並べ入れて両面で3分ほど焼き、器に盛り、3のにんにくをのせる。1のトマトソースをかけ、あればパセリを添える。

献立のヒント

おしゃれな洋風にまとめるなら「きのこのマリネ」。あるいは、「焼きかぼちゃ」のホクホク感は、酸味のあるトマトソースによく合う。

目先を少し変えると
食卓が華やぐの

たらのベーコン巻き

淡泊なたらを、おいしく食べるならコレ！
ベーコンってすごいわあ、と感じるはずです

献立のヒント
シンプルな塩味の「野菜や豆のスープ」がよく合う。満足感が出るように、具材はたっぷり多めに入れるのがポイント。

ベーコンは長いものを切って使ってもよい。巻き終わりを下にして焼けば、はがれてこない。

◉作り方

1 たらは皮と骨を除き、1切れを4等分に切り、軽く塩、こしょうをする。

2 1のたら1切れをベーコン1枚で巻く。フライパンに巻き終わりが下になるように並べ入れ、両面で2～3分焼く。

3 2を竹串に刺して器に盛り、トマトケチャップを添える。

◉材料（2人分）

生たら（切り身）…… 2切れ
スライスベーコン（ハーフタイプ）
…… 8枚
塩、こしょう …… 各少々
トマトケチャップ …… 適量

鶏肉

低脂肪なのにたんぱく質がしっかりとれて、調理しやすいので、シニアはどんどん活用したい食材。柔らかくいただける料理を厳選して紹介します

鶏のやわらか揚げ

鶏料理のなかではいちばんの自信作です！みたらし風のたれが絶品。くれぐれも揚げすぎないで

◉材料（2人分）

鶏胸肉（皮を除いて厚さ1cmのそぎ切り）……1枚（200g）

A［酒……小さじ1
　しょうゆ……小さじ1

片栗粉……適量

B［しょうゆ……大さじ1½
　砂糖……大さじ1½

揚げ油……適量

万能ねぎ（小口切り）……適宜

◉作り方

1 鶏肉はAをかけてもみ込み、数分おいたら片栗粉をたっぷりまぶす。

2 吹きこぼれないよう、大きめの耐熱容器にBを入れてよく混ぜ合わせ、電子レンジで30秒加熱して、とろみをつける。

3 揚げ油を中温（180℃）に熱し、1の鶏肉を⅓量入れ、30秒くらいで引き上げ、余熱で火を通す。残りも同様に揚げる。

4 油をよくきって器に盛り、2のたれをかけ、あれば万能ねぎを散らす。

柔らかく仕上げるには、揚げすぎないこと。30秒を目安に、衣が白いうちに引き上げる。

献立のヒント

緑の野菜がほしいので、春菊や菜の花のお浸しはいかが？　柔らかく優しい味の揚げ物なので、クセのある野菜がアクセントに。

ごま塩鶏

鶏肉を焼いて、ごま塩をふるだけ。たったこれだけなのに、しみじみおいしい！　皮目にふったごまが香ばしいのです

「ごま塩大好き。本当に便利よ」

献立のヒント

「甘辛ごぼう」(P64)が最高ですが、「冷やしトマト」や「白菜やキャベツの浅漬け」も合う。つぶつぶの食感とのメリハリを考えて。

こんがりと焼けた皮目のほうにだけ、ごま塩をふる。裏側に火が通れば完成。

◉作り方

1 鶏肉はこしょうをふる。

2 フライパンを火にかけ、1の鶏肉の皮目を下にして入れ、こんがりと焼く。

3 八分通り火が通ったら、返してごま塩をふり、裏側も焼いて器に盛る。

◉材料（2人分）

鶏もも肉（余分な脂を除き、1.5㎝厚さのそぎ切り）…… 1枚
こしょう …… 少々
ごま塩 …… 適量

鶏とじゃが芋のトマト煮

洋風に仕立てるなら、このトマト煮が簡単でおいしい。不思議と白いご飯にもよく合います

献立のヒント
「スティック野菜」や「ゆでアスパラ」がおすすめ。塩もみしたキャベツをマヨネーズと甘酢であえた「コールスロー」もよく合う。

◉材料（2人分）

鶏ももから揚げ用肉……250g
じゃが芋（八つ割りにして水にさらす）……1個
玉ねぎ（5㎜幅に切る）……½個
にんにく（半分にしてたたく）……1かけ
白ワインまたは酒……大さじ2
オリーブオイル……大さじ1
A
- トマトピューレ……150g
- 固形チキンブイヨン……½個
- イタリアンハーブミックス（乾燥）……少々

塩、こしょう……各適量
粉チーズ……小さじ2

◉作り方

1 鶏肉は塩、こしょうをする。フライパンを火にかけ、鶏肉の皮目を下にして入れ、両面で2分ほど焼く。途中、脂をキッチンペーパーでふき取る。

2 白ワインを回しかけてアルコール分をとばしたら、別の鍋に移す。

3 空いたフライパンにオリーブオイルを熱し、玉ねぎ、にんにくを炒め、2の鍋に加える。

4 鍋にA、じゃが芋を加えて火にかけ、煮立ったらあくを取り、15〜20分煮る。途中、にんにくが柔らかくなったらつぶす。塩、こしょうで味を調え、器に盛り、粉チーズをふる。

手軽に使える乾燥ハーブ。タイム、セージ、オレガノ、ローズマリーなどの粉末がミックスされており、ひとつあると便利。

にんにくは煮えてからつぶすと香りが強く出すぎず、コクを加えられる。

ささ身ときゅうりの甘酢がけ

ささ身をかたくしないことが肝心。
加熱後、蒸し汁に浸しておくとしっとり、ふっくらとなります

柔らかいものが
自然と
多くなります

◉材料（2人分）

ささ身（筋を除く）……2本（130g）
きゅうり（縦四つ割りにして種を除く）……1本
長ねぎ（せん切り）……6cm
しょうが（せん切り）……1かけ
赤唐辛子の小口切り……小さじ1
A 酢……大さじ2
A しょうゆ……大さじ1
A 砂糖……大さじ1
酒、塩……各適量
ごま油……小さじ1

◉作り方

1 ささ身は耐熱容器に並べ、塩少々をふり、酒をまぶす。ラップをふんわりとかけ、電子レンジで1分30秒加熱し、取り出す。まだ生の部分があるときは、ラップを外さず余熱で火を通す。

2 きゅうりは軽く塩をふり、しんなりしたら水で洗い、水けをきる。

3 フライパンにごま油を熱し、赤唐辛子を炒め、長ねぎ、しょうがを加えて炒める。混ぜ合わせたAを加えて火を止め、そのまま冷ます。

4 器にささ身を大きめにほぐして盛り、2をのせ、3のたれを香味野菜とともにかける。

きゅうりは種の部分を切り取ると青臭さがなくなり、歯ごたえもよくなる。

献立のヒント

「卵スープ」や「もやしとにんじんの塩炒め」など、やさしい味で温かい中華おかずが合う。「卵チャーハン」でボリュームを出しても。

ひき肉

柔らかく、かみ切りやすいので、お肉類のなかではシニアにやさしい食材。少量でもお肉のうまみが加わって、野菜がおいしく食べられます

肉みそのリーフレタス包み

たっぷりの香味野菜とともにみそ味に仕立て、包んで食べます。いろいろな生野菜と組み合わせても

◉材料（2人分）

豚ひき肉……100g
にんにく（みじん切り）……1かけ
しょうが（みじん切り）……1かけ
長ねぎ（みじん切り）……5cm
生しいたけ（石づきを落としてみじん切り）……3個
A
- みそ……20g
- 酒……大さじ1
- 砂糖……小さじ1½
- しょうゆ……小さじ¼
- 水……カップ¼

片栗粉……小さじ½
水……小さじ1
サラダ油……大さじ½
リーフレタス……6枚

◉作り方

1 フライパンにサラダ油を熱し、にんにく、しょうがを炒める。香りが立ったら、ひき肉を加えて色が変わるまで炒め、長ねぎ、しいたけを加えてしんなりするまで炒める。

2 混ぜ合わせた**A**を加えて、3分ほど煮る。水分が大さじ1ほど残っているところで片栗粉を分量の水で溶いて回し入れ、とろみをつける。

3 器に肉みそを盛り、平皿にレタスとともに盛る。レタスで肉みそを包んで食べる。

献立のヒント

「むきえびと玉ねぎの甘酢あん」（P49）は、しっかり食べたいときにおすすめ。冷ややっこに温泉卵をのせた1品を合わせ、おつまみ風にまとめてもいい。

ひき肉とじゃが芋のパン粉焼き

コロッケが食べたいけど、揚げ物は面倒だなと試したら大成功！
揚げないぶんあっさりしていて、もたれません

「物は試しでやってみて」

◉材料（2人分）

合いびき肉……100g
じゃが芋（皮をむいて八つ割りにする）……2個
玉ねぎ（みじん切り）……½個
バター……大さじ3
パン粉……大さじ3
塩……小さじ½
こしょう……少々

◉作り方

1 じゃが芋は、かぶるくらいの水に塩少々（分量外）を加え、柔らかくなるまでゆでる。ざるに上げてボウルに入れ、スプーンの背などで好みの加減につぶす。

2 フライパンを火にかけ、ひき肉を炒めて脂を出す。玉ねぎを加えて炒め合わせ、塩、こしょうをする。

3 1に2を加え、バター大さじ1を加えて混ぜ合わせたら、耐熱容器に入れ、パン粉をふる。

4 残りのバターを電子レンジで30秒加熱して溶かし、3のパン粉の上にかけ、オーブントースターで焼き色がつくまで焼く。

材料も手順も、揚げる前までコロッケとまったく一緒。ソースをかけてどうぞ。

献立のヒント

副菜にはコクがある「キャベツのごま酢あえ」（P55）を。コロッケにはやっぱりキャベツ、ということで、ぴったりの相性。

れんこんポークバーグ

豚肉ばかりのハンバーグもうちではよく食べます。れんこんのシャキシャキ感で、アクセントをつけました

小さくすると食べやすいのよ

献立のヒント

このメインには滋味豊かな「きのこ汁」を合わせたい。れんこんがおいしい秋から冬に作るには最適な組み合わせ。あっさりと上品な和風献立に。

◉材料（2人分）

豚ひき肉……150g
玉ねぎ（粗みじん切り）……¼個
れんこん……60g
A
- パン粉……大さじ3
- 牛乳……大さじ3
- 塩……小さじ¼
- こしょう……少々

サラダ油……小さじ2
しょうゆ、練りがらし……各適量

◉作り方

1 玉ねぎは耐熱容器に広げ、ラップをかけ、電子レンジで3分加熱する。取り出して粗熱を取る。

2 れんこんは4枚だけ薄切りにして、残りは粗みじん切りにする。それぞれ水にさらしてあくを取り、ざるに上げる。熱湯で2〜3分ゆで、水けをきって冷ます。

3 ボウルにひき肉、1、Aを入れてよく練り混ぜる。みじん切りにしたれんこんを加えて混ぜ、4等分にして小判形に整える。

4 フライパンにサラダ油を熱し、3を並べ入れ、薄切りにしたれんこんも一緒に焼く。途中、れんこんは取り出し、ハンバーグはきれいな焼き色がついたら裏返し、ふたをして5分ほど蒸し焼きにする。ともに器に盛り、からしじょうゆを添える。

肉だねの材料をよく練り混ぜてから、最後にれんこんを。まんべんなく混ざればOK。

鶏だんごとなすの煮物

なすはレンジ加熱してから後で加え、おいしい煮汁を吸わせる程度にさっと煮ます。これで色鮮やかに

献立のヒント

「キャベツのごま酢あえ」(P55)は、酸味と甘みがあって味の相性がよい。さっぱりとまとめるなら「白菜の浅漬け」もおいしい。

なすは油を塗ってからレンジにかけると、色鮮やかに仕上がる。

◉作り方

1 なすは表面にサラダ油を塗り、みょうがとともに耐熱容器に並べ、ふんわりとラップをかけて電子レンジで3分加熱する。粗熱が取れたら、なすは3cm幅に切る。

2 ボウルにひき肉を入れ、Aを加えてよく混ぜる。

3 鍋にBを入れて火にかけ、煮立ったら2を1/6量ずつスプーンで楕円形に整えて加える。

4 5〜6分煮たら、なす、みょうがを加え、5〜6分煮る。器に煮汁とともに盛り合わせる。

◉材料（2人分）

鶏ひき肉……100g
長なす（へたを取る）……1本
みょうが（縦半分に切る）……1個

A
- 酒……小さじ1
- 片栗粉……小さじ1
- しょうがの絞り汁……小さじ1
- 塩……1つまみ
- 水……大さじ2

B
- しょうゆ……大さじ1
- みりん……大さじ1
- 砂糖……小さじ1
- 水……カップ½

サラダ油……少々

シーフード

ここでいうシーフードとは、ボイルして冷凍されたえびや貝類のこと。手軽に、いいだしが出るので重宝します

帆立てのクリーム煮

帆立てのだしがきいて、ご飯にもパンにもよく合う！
ホワイトソースはいろいろ試してみて、この作り方がいちばん

◉材料（2人分）

A
- ボイル帆立て …… 100g
- 玉ねぎ（1.5㎝角に切る）…… ¼個
- にんじん（1.5㎝角に切る）…… 6㎝（60g）

固形チキンブイヨン …… ¼個
水 …… カップ1
塩、こしょう …… 各少々
パセリ（粗みじん切り）…… 少々
〈レンジホワイトソース〉
- 小麦粉 …… 大さじ1
- バター …… 大さじ1
- 牛乳 …… カップ½

◉作り方

1 鍋に分量の水とAを入れ、野菜が柔らかくなるまで煮る。

2 レンジホワイトソースに1の煮汁をお玉1杯加えてゆるめ、鍋に戻して溶かし混ぜる。塩、こしょうで味を調える。器に盛り、パセリを散らす。

レンジホワイトソースの作り方

❶吹きこぼれないよう、大きめの耐熱容器に小麦粉を入れ、バターをちぎって散らす。

❷ラップはかけずに電子レンジで40秒加熱し、泡立て器でよく混ぜる。

❸牛乳を少しずつ加えながら混ぜ、さらに電子レンジで2分加熱し、もう一度よく混ぜる。

❹さらに電子レンジで20秒加熱し、混ぜれば完成。でき上がりまでたったの3分。

献立のヒント

フレッシュな「トマトサラダ」がおすすめ。こっくりまろやかな主菜に対して、さわやかな酸味で、彩りのコントラストもきれいに。

むきえびと玉ねぎの甘酢あん

えびチリよりも、もっとやさしい味の炒め物。玉ねぎの甘みがじんわりときいてくる1品

献立のヒント

主菜にボリュームがあるので、副菜はさらりといただけ、箸休めになる汁物を。「わかめと卵のスープ」などで中華風にまとめて。

●材料（2人分）

むきえび…… 100g
玉ねぎ（3㎝角に切る）…… ¼個

A
- 酒 …… 小さじ½
- 塩、こしょう …… 各少々

B
- 酢 …… 大さじ2
- 砂糖 …… 大さじ2
- しょうゆ …… 大さじ1
- トマトケチャップ …… 大さじ1
- 顆粒鶏がらスープの素 …… 小さじ1
- 水 …… 80㎖

片栗粉 …… 大さじ½
水 …… 大さじ1
サラダ油 …… 適量

●作り方

1 えびはAで下味をつけ、片栗粉大さじ1（分量外）をまぶす。フライパンにサラダ油を多めに熱し、えびを入れる。表面の色が変わるくらい揚げ焼きにして、取り出す。油を大さじ1ほど残して取り除く。

2 フライパンに玉ねぎを入れてさっと炒め、1のえびを戻し入れ、Bをよく混ぜ合わせて加える。

3 片栗粉を分量の水で溶いて回し入れ、とろみをつけて一煮立ちさせる。

えびは少ない油で一度揚げ焼きにする。表面が固まったらOK。

家庭の中華は軽いほうがいいの

コラム2

ご飯に変化を

何か食卓に変化をと思うと、ついついおかずに目がいきがちですが、じつは「お米」をかえるのもよい方法。主食であるご飯がかわると、ずいぶんと目先が変わります。

わが家で用意しているのは、一般的な「白米」のほかに、「黒米」。これは、もち米の一種で、いつものお米に少量（2合につき大さじ1程度）加えるだけで、米がうっすらとあずき色に染まり、もちもちとしたおこわ風に。かみしめるほどに味わいが出てくるので、野菜のおかずだけで満足できるし、おにぎりも絶品！　秋にはこの黒米を酢飯にして、厚焼き卵を入れて太巻きを作るのが恒例で、私は、これを紅葉を見て思いついたことから「錦秋巻」と名付けました。黒米の色は、お酢や梅干しなど、酸味を加えて炊くと、いっそう美しくなります。ポリフェノールが豊富だそうで、健康にも一役買ってくれます。

もうひとつ、たまに楽しむのが「雑穀米」。知ったのは三十数年前で、そのときNYの友人からいただいたものは、日本の雑穀米とは違い小豆などの豆類が入っていました。ご飯自体に味わいがあるのは黒米と同じですが、あわ、ひえ、きびなどが入っていて見た目も食感も華やか。これも黒米と同様、野菜の煮物、こんにゃくの刺身、卵焼き、ぬか漬けなど昔ながらの素朴なおかずが合います。健康的な粗食と相性がよいのは、シニアにとっては一石二鳥ですね。

白米

黒米

雑穀米

第3章

野菜がラクにとれるおかず

野菜は健康のためにたっぷり食べたい！
でも、手間をかけずに簡単にすませたいのも本音。
なるべく下ごしらえなどはシンプルにして、
野菜本来のおいしさを味わえるメニューを選びました。
調理法別にどうぞ。

あえ物

野菜のおかずでいちばん手軽なのが、あえ物。
旬のものなら、1種類で作ったほうがずっとおいしい。
水が出るので、作ってすぐに食べるのが秘訣です

いんげんのごまあえ

いんげん本来の甘みが生きる食べ方。
すりごまでなくても、おいしく作れます

献立のヒント
夏なら、主菜はさっぱりとした「あじのたたき」。秋口になったら「さんまの塩焼き」で王道の和食献立にまとめるのがおすすめ。

◉材料（2人分）
いんげん（3cm長さに切る）
…… 100g
A
- しょうゆ …… 大さじ1
- いり黒ごま …… 小さじ2
- 砂糖 …… 小さじ2

◉作り方

1 いんげんは塩（分量外）をまぶし、熱湯で好みの加減にゆでる。ざるに上げ、粗熱を取る。

2 ボウルにAをよく混ぜ合わせ、1を加えてあえる。

いんげんは塩ゆでするより、塩をまぶしてからゆでるほうが断然色濃く、美しくゆで上がる。

緑の野菜って
いつもほしいですね

小松菜のからしあえ

ピリッとした辛みが食欲を刺激し、さまざまな主菜に合います。あえ衣に西京みそをほんの少し。これ、隠し味です

献立のヒント

冬なら「ぶりの刺身」を合わせたい。こっくりとした**「帆立てのクリーム煮」**(P48)は、からしのきいた副菜とメリハリがついてバランスがよい。

あえ衣に西京みそを隠し味として使うと、みその味は立たずにまろやかさが加わる。

◉作り方

1 小松菜は、塩少々（分量外）を加えた熱湯で好みの加減にゆでる。水にとり、水けをしっかり絞る。

2 ボウルに**A**をよく混ぜ合わせ、1を加えてあえる。

◉材料（2人分）

小松菜（3cm長さに切る）……1わ（200g）

A
- しょうゆ……大さじ1
- 西京みそ……小さじ1
- 練りがらし……小さじ½〜1
- 砂糖……小さじ½
- 水……大さじ1

きゅうりの酢みそあえ

みずみずしい夏野菜をさわやかにいただく副菜。
きゅうりはスライサーを使うと早いしラク！

献立のヒント

「豚ヒレ肉のピカタ」(P23)、「牛肉と薄切り大根の煮物」(P30)を主菜に。温かくて、甘辛い味とかぶらないものを考えたい。

◉作り方

1 きゅうりは塩少々（分量外）をふり、しんなりしたら、水洗いして水けをしっかり絞る。

2 器にきゅうりを盛り、**A**をよく混ぜ合わせて、半量であえてから、残りを上からかける。

◉材料（2人分）

きゅうり（スライサーで薄切り）……1本

A
- みそ……大さじ1
- 酢……大さじ1
- 砂糖……小さじ1½〜2

キャベツのごま酢あえ

かさが減り、驚くほどキャベツが食べられます。うちでは2人分をひとりで食べちゃうときも

◉材料（2人分）

キャベツ …… 2枚（大きな外葉）

A
- いり白ごま …… 大さじ4
- 練り白ごま …… 大さじ1
- 酢 …… 大さじ2
- 砂糖 …… 小さじ2〜3
- 塩 …… 小さじ¼

◉作り方

1 キャベツは洗って水けがついたまま耐熱容器に広げ、ラップをふんわりとかけて電子レンジで3分加熱する。ラップを外し、粗熱を取ったら、ざく切りにする。

2 ボウルにAをよく混ぜ合わせ、1のキャベツを加えてあえる。

キャベツは鍋でゆでるより、レンジ加熱がラク。大きな葉のまま加熱してから切ると、水っぽくならない。

献立のヒント

オーソドックスな「**ぶりの照り焼き**」（P37）や「**れんこんポークバーグ**」（P46）がおすすめ。食感の違いがお互いを引き立て合う。

野菜をたくさん食べられる料理は知っておくと安心

炒め物

フライパンでちゃちゃっとできるのが魅力。
いつも同じ組み合わせにならないように、
たんぱく質との合わせ方や
味つけにバリエーションを持っているといいですよ

キャベツとひき肉のみそ炒め

中華風を思わせる濃いめの味は、白いご飯によく合う！
お肉をちょっと入れると、食べたという満足感が出ます

献立のヒント
さつま芋を甘く煮たものや、「大根とにんじんのなます」が好相性。野菜料理といえどボリュームがあるので、あと1品はシンプルに。

◉材料（2人分）
キャベツ（ざく切り）……250g
豚ひき肉……50g
A
- 長ねぎ（みじん切り）……5cm
- にんにく（みじん切り）……1かけ
- しょうが（みじん切り）……1かけ
- 赤唐辛子……½本

B
- 八丁みそ……大さじ1
- 砂糖……小さじ2
- しょうゆ……大さじ½

サラダ油……適量

◉作り方
1 Bはよく混ぜ合わせる。
2 フライパンにサラダ油、Aを入れて火にかける。香りが立ったら、ひき肉を加え、肉の色が変わるまで炒める。
3 キャベツを加えてさっと炒め、1を加えて炒め合わせる。

肉入りにら玉

にらは細かいほうが、食べやすいと思いませんか？
豚肉に下味をつけるから味にメリハリがつきます

「食べやすい！と同世代に好評です」

◉材料（2人分）

にら（1㎝長さに切る）…… ½わ
卵 …… 2個
豚薄切り肉（1㎝幅に切る）…… 100g
A しょうゆ …… 小さじ1
　酒 …… 小さじ1
　砂糖 …… 小さじ½
塩、こしょう …… 各少々
サラダ油 …… 適量

◉作り方

1 豚肉はAをもみ込み、下味をつける。

2 フライパンにサラダ油少々を熱し、1の豚肉を炒め、肉の色が変わったらにらを加えて炒め合わせ、一度取り出す。

3 卵を溶きほぐし、塩、こしょうを加える。2のフライパンを一度ふいてサラダ油少々を足し、卵液の半量を流し入れ、大きく2回ほど混ぜて火を止める。

4 卵の半分に2の半量をのせ、もう半分の卵を折りたたむようにかぶせる。残りの卵も同様に焼く。

卵液をフライパンに大きく広げ、表面が半熟のうちに具材をのせる。

献立のヒント

酸味のきいた「**長芋の梅あえ**」（**P27**）を副菜に。他に「もずく酢」や「白菜のごまあえ」など。にら玉にパンチがあるので軽めが合う。

三色炒め

この3つの野菜の組み合わせは、私にとって〝テッパン〟。色合いのよさを生かすため、鶏がらスープで味をつけます

献立のヒント

「トマトの卵炒め」(P60)を合わせて、野菜多めの献立に。**「マーボー丼」(P74)**、**「銀だらの煮つけ」(P77)**を主菜にすれば、満足感も出る。

この3種の野菜は味、食感、色合いともに最高のトリオ。炒め物のほか、ナムルにしても美味。

◉作り方

1 フライパンにごま油大さじ1を熱し、にんじんを炒める。油がまわったら、小松菜、もやしを加えてさっと炒め合わせる。

2 **A**で味を調えたら火を止め、仕上げに残りのごま油をふって混ぜる。

◉材料(2人分)

にんじん(細切り)…… 5cm
小松菜(3cm長さに切る)…… 50g
もやし …… ½袋
A 顆粒鶏がらスープの素 …… 大さじ½
　塩、こしょう …… 各適量
ごま油 …… 大さじ1½

牛肉とセロリのケチャップ炒め

味つけはケチャップですが、少しだけ入れたタバスコでパンチのきいた大人の味わいになります

◉材料（2人分）

牛薄切り肉（2㎝幅に切る）……150g
セロリ（薄切り）……½本
玉ねぎ（薄切り）……¼個
A トマトケチャップ……大さじ4〜5
A タバスコ……小さじ¼〜½
A 塩、こしょう……各適量
バター……大さじ1

◉作り方

1 フライパンで牛肉を赤みが残っている程度にさっと炒め、一度取り出す。

2 1のフライパンにバターを溶かし、セロリ、玉ねぎを炒め、1の牛肉を戻し入れて炒め合わせる。

3 Aで味を調える。

献立のヒント

シンプルな塩味の「キャベツと玉ねぎのスープ」がよく合う。肉が入り、バターのコクと辛みがきいたしっかり味と相性バツグン。

トマトの卵炒め

まろやかな卵と酸味のあるトマトの相性が絶妙！
簡単でご飯にもパンにも合う、便利な1品です

◉材料（2人分）

ミニトマト（へたを取り、横半分に切る）…… 6個
卵 …… 2個
バター …… 大さじ1
塩、こしょう …… 各適量

◉作り方

1 フライパンでトマトをさっと焼き、一度取り出す。卵は溶きほぐし、塩、こしょう各少々を混ぜる。

2 フライパンにバターを溶かし、1の卵液を流し入れ、底のほうが固まってきたら、大きくひと混ぜする。

3 1のトマトを戻し入れ、卵が半熟のうちに火を止める。器に盛り、こしょうをふる。

献立のヒント

「ひじきとコーンのサラダ」（P69）を。また厚切りトーストと合わせれば、立派な朝食に。ほかに「三色炒め」（P58）も合う。

「ラクでおいしい料理には
ちゃんとコツがあるのよ」

じゃこピーマン

ご飯にかけてもよし、豆腐にのせてもよしのわが家の定番。酒肴にもいいので、たくさん作ってもすぐなくなります

献立のヒント
「ごま塩鶏」(P41)と合わせて、塩味でさっぱりと。温かいご飯にこれと豆腐をかけたどんぶりは、胃が疲れたときに最適。

◉材料(2人分)
ちりめんじゃこ……100g
ピーマン(へたを取り、1.5cm角に切る)……4〜6個
A しょうゆ……大さじ3½
A 酒……大さじ2
A 砂糖……小さじ⅓
A 水……カップ⅓
サラダ油……小さじ2

◉作り方
1 じゃこは熱湯で1分ほどゆでてざるに上げ、塩けを抜く。
2 鍋にサラダ油を熱し、1のじゃことピーマンを加えて炒め合わせる。
3 Aを加え、汁けがなくなるまで炒め煮にする。

青梗菜のザーサイ炒め

これにかぎっては、ザーサイは本格的なものでなく、普通の瓶詰のほうが合うんです。あと1品ほしいときに

献立のヒント
主菜は甘辛い「むきえびと玉ねぎの甘酢あん」(P49)を。また「チャーハン」などと合わせて、家庭風の中華でまとめるのがおすすめ。

◉材料(2人分)
青梗菜《チンゲンツァイ》(3cm長さに切る)……1わ
ザーサイ(市販・瓶詰)……50g
塩、こしょう……各適量
サラダ油……小さじ2

◉作り方
1 フライパンにサラダ油を熱し、よく水けをきった青梗菜を炒める。
2 ザーサイを加え、塩、こしょうで味を調える。

煮物

夫婦ふたりの食卓に、
時間をかけた煮物はそぐいません。
使いやすい身近な野菜で作れる、
さっと煮て、さっといただけるスピード煮物をどうぞ

白菜とさつま揚げの煮物

さつま揚げからいい味が出るので、だしいらず。
白菜を炒めてから煮ると、コクも加わります

献立のヒント

「さばの塩焼き」や旬の「お刺身」はバランスよし。これは薄味とはいえ、しょうゆベースの甘辛味なので主菜はさっぱり系のほうが相性がいい。

◉材料（2人分）

白菜……5〜6枚
さつま揚げ（半分に切る）……2〜3枚
A
- みりん……大さじ1½
- しょうゆ……大さじ1
- だし汁または水……カップ½

サラダ油……小さじ1

◉作り方

1 白菜は耐熱容器に入れ、ふんわりとラップをかけて、電子レンジで4分加熱する。ラップを外し、粗熱が取れたらざく切りにする。

2 鍋にサラダ油を熱し、1の白菜を炒める。さつま揚げ、Aを加え、白菜がしんなりするまで10〜15分煮る。

白菜は先に加熱しておくと味がしみやすく、余分な水分も出ない。

玉ねぎの卵とじ

玉ねぎと卵なら、いつだってうちにあるでしょ?
よく煮えた玉ねぎの甘みが、しみじみおいしい煮物です

献立のヒント

「豆腐と水菜のサラダ」(P66)を合わせると、フレッシュ感が出る。この料理にボリュームがほしいときは、鶏肉を加えて。

「当たり前のもので作るのが大切です」

●材料(2人分)

玉ねぎ(薄切り)……¼個
卵……2個
三つ葉……少々
A
- だし汁……80mℓ
- しょうゆ……小さじ2
- 酒……大さじ1
- 砂糖……小さじ1½

●作り方

1 フライパンに**A**を入れて火にかけ、煮立ったら玉ねぎを加えて煮る。しんなりとしたら、半量を取り出す。

2 フライパンに残った煮汁と玉ねぎに卵1個を溶きほぐして加える。ときどき、フライパンをゆすって半熟状になったら火を止め、器に盛る。

3 取り出した煮汁と玉ねぎをフライパンに戻し入れ、同様に卵でとじる。最後に三つ葉を散らす。

甘辛ごぼう

きんぴらよりも、ちょっとしょうゆが薄くて甘め。
この配合が我ながら絶妙で、お弁当にもおすすめです

献立のヒント

「ごま塩鶏」(P41)が最強コンビ。ほか何でもよく合うが、「だし巻き卵」「おひたし」「刺身」などの純和食系がおすすめ。

ほんのり甘い味を
食べると幸せよね

◉作り方

1 ごぼうは水につけ、一度水を替えてあくを抜き、ざるに上げる。水けをきらずに耐熱容器に広げ、ふんわりとラップをかけ、電子レンジで3分加熱する。

2 フライパンにサラダ油を熱し、1のごぼうをさっと炒める。Aを加え、汁けがなくなるまで炒め煮にする。

◉材料（2人分）

ごぼう（大きめのささがき）
……60g

A
- みりん……大さじ1½
- 酒……大さじ1
- しょうゆ……大さじ1
- 砂糖……小さじ1

サラダ油……小さじ1

ひじきとツナの炒り煮

おなじみのひじきの煮物より軽くて、飽きない味です。油漬けのツナのうまみで、だしいらずのおいしさ

◉材料（2人分）

ひじき（乾燥）…… 20g
ツナ缶 …… 小1缶（80g）
A ┌ しょうゆ …… 大さじ1
　│ 砂糖 …… 小さじ2½
　└ 水 …… カップ⅓
サラダ油 …… 大さじ1

◉作り方

1 ひじきは水につけ、ふっくらともどし、水けをきる。

2 鍋にサラダ油を熱し、1のひじきを炒める。ツナの缶汁をきって加え、炒め合わせる。Aを加え、汁けがなくなるまで炒り煮にする。

ツナ缶の原材料は本来はまぐろだが、安価なかつおでもおいしく作れる。

献立のヒント

「鮭のムニエル　カレー風味」（P36）のほか、「鶏とじゃが芋のトマト煮」（P42）など、肉を使った温かい料理とよく合う。

かぼちゃのクリーム煮

ちょっと煮くずれて、ホワイトソースが黄色くなるくらいがおいしいの

材料（2人分）

かぼちゃ（1.5㎝厚さに切る）
　…… ⅛個（200g）
〈レンジホワイトソース〉
┌ 小麦粉 …… 大さじ1
│ バター …… 大さじ1
└ 牛乳 …… カップ½
牛乳 …… カップ½
塩、こしょう …… 各適量

◉作り方

1 かぼちゃは耐熱容器に並べ、水大さじ1をふりかけ、ラップをかけて電子レンジで4分加熱する。

2 P48のレンジホワイトソースの作り方を参照して、ホワイトソースを作る。さらに牛乳を加えて、よく混ぜる。

3 鍋に1のかぼちゃ、2のソースを入れ、少しくずしながら1分ほど煮る。塩、こしょうで味を調える。

かぼちゃは加熱しているので、ホワイトソースと煮るのはたった1分でOK。

献立のヒント

甘辛の「ボリュームきんぴら」（P34）や「ごま塩鶏」（P41）を組み合わせたい。洋食でまとめようとしなくても、和食にもよく合う。

おかずサラダ

生野菜だけの食べにくさを解消した、ちゃんとおかずになるサラダ。たんぱく質を補う、ドレッシングを手作りするという工夫で、存在感のある野菜料理になってくれますよ

豆腐と水菜のサラダ

焼いて細長く切った油揚げは、いわば和製クルトン。サクサク感と香ばしさが加わります

献立のヒント
薄い牛肉をシンプルに焼いたステーキがよく合う主菜。ぜひ、お肉と合わせて相性のよさを楽しみたい。

●材料（2人分）

豆腐（一口大に切る）
……約小1丁（100g）
水菜（3cm長さに切る）
……¼株
レタス（ざく切り）……2枚
油揚げ……1枚

〈和風ドレッシング〉＊作りやすい分量

酢……大さじ2
サラダ油……大さじ5
しょうゆ……大さじ2
はちみつ……小さじ½
こしょう……適量

●作り方

1 油揚げはフライパンで両面をカリカリに焼き、細長く切る。

2 器にレタス、水菜、豆腐を盛り、1をのせて、ドレッシングをかける。

ドレッシングは、サラダ油以外をボトルなどに入れてよく振り、サラダ油を加えてさらに振るだけ。このまま保存できて便利。

マカロニサラダ

早ゆでマカロニのおかげで、グンとラクに作れるように。マカロニに下味をつけると、味がまとまります

献立のヒント

「ひき肉とじゃが芋のパン粉焼き」(P45)を合わせたい。ホクホクとしてまろやかな味で、酸味のあるこのサラダとバランスがとれる。

無性に懐かしい味には家族も箸が進みます

◉材料（2人分）

マカロニ（早ゆで4分のもの）……100g
スライスハム（1.5㎝幅に切る）……3枚
玉ねぎ（薄切り）……⅙個
ゆで卵（八つ切り）……2個
フリルレタス……2枚
A［酢……大さじ½〜1
　 砂糖……1つまみ
マヨネーズ……大さじ5〜6
塩、こしょう……各少々

◉作り方

1 マカロニは表示通りにゆで、ざるに上げてボウルに入れる。熱いうちにAを加えて混ぜ、粗熱を取る。

2 1にハム、玉ねぎを加えて混ぜ合わせ、マヨネーズを加えてあえ、塩、こしょうで味を調える。

3 最後にゆで卵を加えて軽く混ぜ合わせ、フリルレタスとともに器に盛る。

「ずっと作り続けてきた自慢の味があります」

レタスとクルトンのサラダ

フランスパンを焼いたクルトンなのでボリューム感あり。この手作りドレッシングは本当においしいから試して！

●材料（2人分）

レタス……1/6個
フランスパン（5㎜厚さに切ったもの）……4枚

〈ドレッシング〉＊作りやすい分量

A
- 酢……大さじ1
- フレンチマスタード……小さじ2
- はちみつ……小さじ1/2
- 塩……小さじ1/2
- こしょう……少々
- マヨネーズ……大さじ2

サラダ油……大さじ2

B
- 一味唐辛子……少々
- にんにく（みじん切り）……1/2かけ

●作り方

1 レタスは芯をつけたまま、氷水につけてパリッとさせる。水けをきり、葉を重ねたまま2～3㎝幅のざく切りにする。

2 フランスパンはオーブントースターで焼いてクルトンを作る。

3 ボウルにAをよく混ぜ合わせ、サラダ油を少しずつ加えて混ぜたら、Bを加えて混ぜる。

4 レタスを器に盛り、2のクルトンを割ってのせ、3のドレッシングをかける。

献立のヒント

主菜は「鮭のムニエル カレー風味」（P36）にして、献立にコクをプラス。シンプルな「さわらの煮つけ」も、あっさりしたいときはいい。

ひじきとコーンのサラダ

甘辛味に、不思議議と酸味のあるドレッシングが合うのを発見。
「ひじきとツナの炒り煮」が洋風サラダに変わります

献立のヒント

「ぶりの照り焼き」(P37)は甘辛味がよく合う。「かじきのガーリック焼き トマトソース」(P38)で、洋風献立に仕立てても。

◉材料(2人分)

ひじきとツナの炒り煮
……P65のでき上がり量
コーン缶(水けをきる)……¼缶
セロリ(5㎜厚さに切る)……¼本
サラダ菜……4枚

〈フレンチドレッシング〉＊作りやすい分量
- 酢……大さじ2
- サラダ油……大さじ6
- はちみつ……小さじ½
- 塩……小さじ½〜1
- こしょう……少々

◉作り方

1 P65を参照して、ひじきとツナの炒り煮を作る。

2 ドレッシングは、ボトルなどにサラダ油以外の材料を入れてよく振り、サラダ油を加えてさらによく振る。

3 器にサラダ菜を敷き、1を盛る。セロリ、コーンを散らし、2のドレッシングをかける。

ドレッシングは水を加えていないので、多めに作って保存できる。たたいたにんにくを½かけ分加えると、パンチのある味に。

コラム3

お取り寄せのすすめ

わが家ではさかんにお取り寄せを楽しみます。そのために、冷凍室をすかすかにしているといってもいいくらい。選ぶのは冷凍品が多いのですが、これはふたりの食生活にとっては便利。賞味期限の比較的長いものを選ぶのがコツです。

どんなものを楽しんでいるかといえば……、調理された魚、忙しいときに鍋ひとつで作れる冷凍麺類、チルドのうどんだし（これは到着後すぐに冷凍する）、ハンバーグなど。真空パックで冷凍されたえびもおすすめ。すべて手作りでは疲れてしまう食生活を、おいしくサポートしてくれています。この味がうちの定番、と決めたほうじ茶、梅干し、米、あごの煮干しなどは、繰り返し同じ店に頼み、きらしません。

この季節ならでは、という1品には、一緒に食べたい娘家族や友人が集まる日を指定して送ってもらいます。10月は北海道・厚岸《あっけし》から牡蠣《かき》、11月末は長野から蜜入りふじ、12月は北海道からひと塩鮭やばばがれい、金沢の香箱《こうばこ》がに、1月は東京の1ヵ月待ちのクッキー、2月は明石のくぎ煮を注文（解禁日が毎年違う）、春には青森からハーブ……。気のおけない人たちと、旬のおいしいものを囲む幸せに勝るものはありません。

もちろん当たり外れもありましたが、それも一興。友人とあれこれ情報交換するのも、楽しみのひとつ。今まで多くの失敗を繰り返して、今は信頼できる店だけが残っています。

食べるために集まり、集まるために食べる。夫婦ふたりの生活の彩りとして、好奇心を刺激し、人との縁をつなぐお取り寄せの果たす役割は、なかなか大きいのです。

第4章

おすすめ冷凍活用術

冷凍するのはあくまでも〝使うため〟。
ストックがあれば安心という思い込みを捨てましょう。
ふたりで一度で食べきれる量を買っておけば充分です。
私が便利だと実感して愛用している5つの食材と、
ラクに解凍しておいしく食べるレシピを紹介します。
買い物に行けないときにも大助かりですよ。

いか

▼おすすめの量——1杯

新鮮ないかを見つけたら、
すぐに食べる予定がなくても買って冷凍しておいて。
わたも頭もついた買ったままの状態で、
冷凍室にポンと放り込んでおけばいいのです。
使いたいときには流水にあてれば、すぐに解凍できます。
鮮度がほぼ保たれるので、
いつでもいか料理が楽しめますよ。

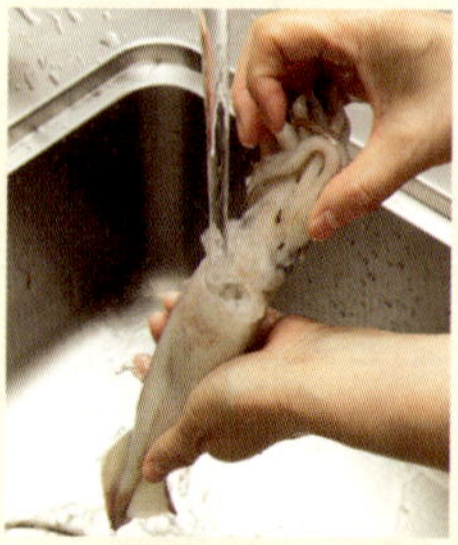

一

いかは足を上にして持ち、胴の中に流水を入れる。次第に解凍されてくる。

二

人差し指を突っ込んで、わたと胴を離していく。

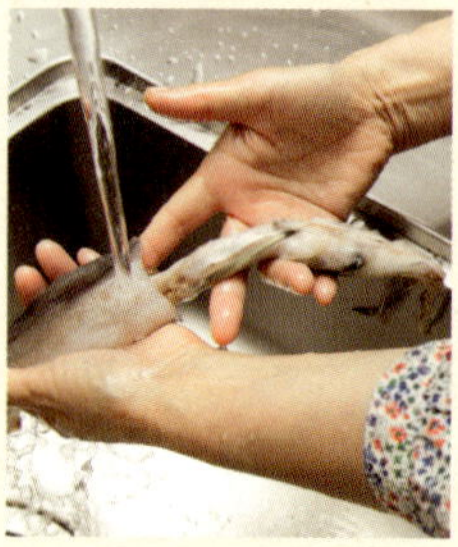

三

わたを完全に離したら、静かにわたごと足を引き抜き、軟骨も抜く。足は目の下で切る。この頃にはすっかり解凍され、柔らかくなっている。

いかの丸焼き

身の厚さにより焼き時間が変わってくるので調節を。
かたくならないよう、焼きすぎに気をつけて

◉材料（2人分）

いか……大1杯または小2杯
しょうゆ……適量
しょうが（すりおろし）……適量

◉作り方

1 いかは胴に2～3㎝間隔で横に切り目を入れる。

2 フライパンを熱し、いかの切り目を下にして入れ、足も一緒に焼く。表面に火が通ったら裏返して同様に焼く。

3 いかの胴に足を差し込み、しょうゆをはけで塗る。器に盛り、おろししょうがを添え、しょうゆをたらす。

豚ひき肉

▼おすすめの量——100g

ひき肉は合いびきか豚ひきのどちらか1種類が冷凍室にあれば充分でしょう。2人分なら100gの小さなパックを。これなら1～2回で使いきれます。

マーボー丼

わが家ではみそではなく、しょうゆベース。だから、しつこくなくてやさしい味です

◉材料（2人分）

豚ひき肉……50g
豆腐（一口大に切る）
……約1丁（225g）
にんにく（みじん切り）
……1かけ
しょうが（みじん切り）
……1かけ
長ねぎ（みじん切り）
……5cm
豆板醤《トウバンジャン》……小さじ1½
A
- しょうゆ……小さじ2～3
- 砂糖……小さじ⅓
- 顆粒鶏がらスープの素……小さじ½
- 水……カップ½

片栗粉……小さじ2
水……大さじ1⅓
サラダ油……大さじ1
温かいご飯……適量

◉作り方

1 フライパンにサラダ油、にんにく、しょうがを入れて火にかけ、香りが出たら、長ねぎ、ひき肉を加えて炒める。肉の色が変わったら、豆板醤を加えて炒める。

2 Aを加え、煮立ったら豆腐を加えて2～3分煮る。片栗粉を分量の水で溶いて回し入れ、とろみをつけて一煮立ちさせる。

3 器にご飯を盛り、2をかける。

牛薄切り肉

おすすめの量——150g

牛薄切り肉も冷凍しておくと便利な使いやすい材料。部位はどこでもよく、安価なこま切れや切り落としで充分です。室温に出しておけば1～2時間で解凍されるので、使い勝手もいいです。

牛丼

わが家の牛丼は長く煮たりしないので、スピード料理といえます。牛肉のうまみがたまりません

●材料（2人分）

- 牛薄切り肉……150g
- 玉ねぎ（くし形切り）……¼個
- A
  - 酒……大さじ2
  - しょうゆ……大さじ2
  - みりん……大さじ1
  - 砂糖……小さじ1
- 水……カップ¼
- 温かいご飯……適量

●作り方

1 鍋にAを入れ、火にかける。煮立ったら牛肉を3回ぐらいに分けて、煮汁にくぐらせながらさっと煮て、そのつど取り出す。

2 鍋に分量の水を加え、玉ねぎを加えてさっと煮たら、1の牛肉を戻し入れる。

3 器にご飯を盛り、牛肉、玉ねぎをのせ、煮汁を少しかける。

長時間煮ると牛肉がかたくなってしまう。少量ずつ、煮汁にからめながらさっと火を通すことで、柔らかくふんわりした煮上がりに。

鶏もも肉

おすすめの量——200g

シンプルな料理でメインにしやすい鶏肉も冷凍におすすめの食材です。かたまり肉ではなく、ぶつ切りのほうが扱いもラク。夕食に使うなら、朝に冷凍室から出しておくといいでしょう。

鶏のくわ焼き

片栗粉をまぶしてしっかり焼き固めてから、たれをじっくりしみ込ませるような要領で

◉材料（2人分）

鶏もも肉（から揚げ用）…… 200g
片栗粉 …… 適量
A しょうゆ …… 大さじ1½
　みりん …… 大さじ1½
　砂糖 …… 小さじ1
粉ざんしょう …… 少々

◉作り方

1 鶏肉は皮目の反対側のみ、片栗粉をまぶす。

2 フライパンに1を皮目を下にして並べ入れ、火にかける。焼き色がついてパリッとしたら、余分な脂をキッチンペーパーでふき取り、裏返して焼く。

3 Aをよく混ぜ合わせて鍋はだから回し入れ、片栗粉をまぶした面だけにからめる。器に盛り、粉ざんしょうをふる。

銀だら

おすすめの量――2切れ

銀だらは、自分で冷凍するのではなく、冷凍されているものをデパートなどで買ってくるだけ。カチコチに凍っているものを選び、そのまま冷凍室へ直行させましょう。一年中、安定した値段と品質で手に入るので、魚料理が食べたいと思い立ったときに重宝します。

銀だらの煮つけ

脂がしっかりのっている魚なので、煮汁は少し甘めにするとちょうどいいバランス

◉材料（2人分）

銀だら（切り身）…… 2切れ

A
- 酒 …… カップ½
- みりん …… カップ½
- しょうゆ …… カップ¼
- 砂糖 …… 小さじ2

三つ葉 …… 適宜

◉作り方

1 銀だらはキッチンペーパーで水けをよくふき取る。

2 鍋にAを入れて火にかけ、煮立ったら銀だらを加え、落としぶたをして12～13分煮る。器に煮汁とともに盛り、あれば三つ葉を添える。

急解凍するときは、密封できるポリ袋に入れ、水につける。流水にあてれば、さらに解凍が進む。

コラム4

だしにこだわらない

料理にはとにかくだしが大事、という風潮があるけれど、長年料理を作り続けてきて思うのは、おいしすぎる味はもういいのでは？　ということ。一口飲んで声をあげるようなおすましは、料理屋まかせでいいと思います。家庭では、そこまでしなくて充分。だって、おいしすぎる味は飽きてしまうから。

たとえば、日本の昔ながらの調味料であるみそ、しょうゆ、みりんなどは発酵食品。うまみが熟成されているので、そのものにおいしさがあります。「とろろ昆布のおすまし」だって、とろろ昆布にしょうゆをたらして湯を注ぐ——これだけで充分ではないでしょうか。もし物足りなければ、かつお節を少し加えればいいだけ。

だしを使わないと、もしかしたらはじめはうまみが足りないと思うかもしれません。でもそれは、化学的に合成された、アミノ酸やグルタミン酸たっぷりのめんつゆやだしの素に慣れてしまっているから。朝起きぬけに市販のドレッシングやめんつゆを味見したら強いうまみ、それも化学的なものを感じ、喉の渇きを覚えるはずです。

汁物にしても煮物にしても、数種の野菜や肉などが入ります。そこから出る味は、食材が本来持つ自然のうまみ。シニアの方々なら、そのおいしさにうなずいていただけると思います。それでも足りなければ、水や調味料をかえてみるのもおすすめです。

本書では、できるだけだしを使わず、うまみの出る食材を組み合わせたり、昆布や煮干しを具材として入れたりしました。どうしても必要なものは使いましたが、それにしても、だしパックや顆粒だしなど、さまざまな選択肢があっていいと思います。

煮干しを入れた「豚肉のもつ煮風」。煮込んでいるうちにだしが出るうえ、具材としても食べられる。

コラム5

調理道具再考

私の仕事のひとつに、調理道具の開発提案があります。コンセプトは「必要なものだけ」。これは各世代共通です。

私たちは和、洋、中のジャンルの料理を作るため、調理道具も多岐にわたらざるをえないのですが、年に数回使うものでキッチンをいっぱいにしたくありません。年齢とともに嗜好も変わってきたシニア世代は、使う道具も身軽にするべきです。

50代にさしかかった頃、食生活の見直しとともに、使わない道具を処分しました。大きくて重たい鍋、無数にあったお菓子の型など、かつては活躍した道具たちも、子どもが巣立った生活ではどう考えても出番はありません。不思議なもので、身軽にすれば心も軽くなります。大きな鍋に執着しないで、小さなものに買い替えてみると、場所も取らず、空間ができることにも気づきます。長年の愛着があり、整理したときに一抹の寂しさを感じましたが、今ではそれが何だったか思い出すことすらできません。

また、調理道具は高ければいい、というものでもありません。安価な品に不安を抱くのはわかる気もしますが、よしあしの基準は別のところにあります。調理道具の開発の過程でも思うことですが、「柄を少し長く」「ここのカーブを丸く」といったわずかな違いでも、使い勝手は変わります。要はそれぞれの手や食生活に合った、使いやすい道具があればいい、それだけです。

私はお赤飯は蒸したいし、肉の煮込みも作りたいので、今でも蒸し器と煮込み鍋は手放せません。自分にとって今、そしてこれから何が必要か、その基準で見直してみたら、フットワーク軽く料理ができるのではないでしょうか。

講談社のお料理BOOK

買《か》いすぎず、食《た》べきる「小《ちい》さな生活《せいかつ》」

夫婦《ふうふ》ふたりのシニアごはん

2014年11月13日　第1刷発行
2015年 6 月19日　第5刷発行

著　者　城川《しろかわ》 朝《あさ》

発行者　鈴木 哲

発行所　株式会社 講談社
〒112-8001　東京都文京区音羽2-12-21
電話（編集部）03-5395-3527
（販売部）03-5395-3606
（業務部）03-5395-3615

印刷所　凸版印刷株式会社

製本所　株式会社若林製本工場

ISBN978-4-06-299623-5

城川 朝

しろかわ・あさ

外資系航空会社のキャビンアテンダントを経て、結婚後、10年以上にも及ぶアメリカ生活で、趣味だった料理を本格的に学ぶ。現地でクッキングスクールの講師として教えるまでに研鑽を積み、帰国後、東京・西荻窪で料理とお菓子の教室を主宰。テレビ番組出演や著書執筆、キッチンツール開発まで活躍の場を広げる。レシピに光る合理性と機知に富むアイデアは、長年の海外生活と生来の探求心のたまもの。2人の娘を育て上げ、現在は夫婦でシニア生活を謳歌中。著書に『もっと野菜が食べたいからまずはゆでる！』『冷凍できる晩ごはん』（ともにNHK出版）などがある。

装丁・本文デザイン◉
大久保裕文+小倉亜希子（ベター・デイズ）

撮影◉鈴木雅也

スタイリング◉中安章子

料理アシスタント◉石川和美

取材・文◉野沢恭恵